Norbert Golluch

Der Fisch

liebt es feucht-fröhlich

Bibliografische Information der Deutschen Nationalbibliothek:
Die Deutsche Nationalbibliothek verzeichnet diese Publikation in der
Deutschen Nationalbibliografie. Detaillierte bibliografische Daten sind
im Internet über http://dnb.d-nb.de abrufbar.

Für Fragen und Anregungen:
info@rivaverlag.de

1. Auflage 2018

© 2018 by riva Verlag, ein Imprint der Münchner Verlagsgruppe GmbH
Nymphenburger Straße 86
D-80636 München
Tel.: 089 651285-0
Fax: 089 652096

Es handelt sich bei diesem Buch um eine überarbeitete Neuausgabe des Titels
»Quatsch-Horoskop« von Norbert Golluch, erschienen 1990 im Eichborn Verlag.

Redaktion: Christiane Otto
Umschlaggestaltung: Laura Osswald
Umschlagabbildung: Shutterstock/Danilo Sanino, iStock/macrovector
Satz: Daniel Förster, Belgern
Druck: Graspo CZ, Tschechische Republik
Printed in the EU

ISBN Print 978-3-7423-0286-1
ISBN E-Book (PDF) 978-3-95971-758-8
ISBN E-Book (EPUB, Mobi) 978-3-95971-759-5

—— *Weitere Informationen zum Thema finden Sie unter* ——

www.rivaverlag.de

Beachten Sie auch unsere weiteren Verlage unter
www.muenchner-verlagsgruppe.de

Norbert Golluch

Der Fisch

liebt es feucht-fröhlich

DAS GNADENLOS EHRLICHE HOROSKOP

riva

Inhalt

Steckbrief

Die schlüpfrigen Fische

20. Februar - 20. März

Element: Wasser
Planet: Neptun
Metall: Platin
Farbe: Türkis, Grün, Rosa
Edelstein: Smaragd, Amethyst, Aquamarin, Koralle, Perle, Mondstein
Magische Zahl: Sieben
Tag: Donnerstag
Tier: Fisch
Pflanze: Seetang
Blüte: Wasserlilie
Ideale Nahrung: Kopfsalat, Fruchtsalat
Positiv: super gutmütig (der ideale Partner zum Unterbuttern in jeder Beziehung), super sensibel und mega sinnlich (Lechz!), hat super viele Ideen (meist völlig unbrauchbar, der ideale Architekt für Luftschlösser), kann sich selbst und andere für jeden Quatsch begeistern, unterhält stundenlang mit geistreichen Nullaussagen (sehr gehirnschonend)
Negativ: unpraktisch (drei linke Hände), unordentlich (der geborene Messie), schwere Suchttendenzen (polytoxikoman) in jeder Krise
Themenkreise: das Aufgehen im und Bestellungen beim Universum (mit oder ohne Hilfsmittel), Tarot, Wahrsagen, dunkle Ahnungen, die Verbindung des Individuums mit dem Unendlichen, der kürzeste Weg ins Nirwana

Die Anatomie

Mit ihrem aufgedunsenen Körper, ihren viel zu kurzen Flossen, ihren wässrigen Glupschaugen und ihrer blassen Haut wirken Fische nicht eben ansprechend – etwa wie ein zu heiß gewaschener Karpfen eben. Aber lassen Sie sich nicht täuschen – die meisten Fische sehen heutzutage ganz anders aus und verbergen ihr wahres Ich hinter einer attraktiven Maske – alles Tarnung!

Der Charakter

Ach, sind sie nicht niedlich? Schüchtern, empfindsam, sanft, dabei auch noch vorurteilsfrei und aufopferungsbereit flößeln Fische durch ihr wässeriges Leben – die wahren Menschenfreunde. Wer's glaubt, wird selig. Wir sehen Fische eher als weltfremd, träge, hilflos und unentschlossen an – nur deshalb spielen sie die empfindsamen Samariter.

Auch mit der den Fischen nachgesagten großen Universalität ist es nicht weit her. Denn der Hecht im Karpfenteich ist selten geworden; viele Fische sind heutzutage zu Fischstäbchen verkümmert und stellen alles andere dar als große Philosophen.

Immerhin haben sie von diesem Berufszweig noch etwas übrigbehalten: die kontemplative Ruhe. Während aber große Denker in diesem äußerlichen Zustand der Versenkung innerlich ihr Gedankengebäude um eine weitere Etage ausbauen, ruhen bei Fischen die Bauarbeiten – es spielt sich gar nichts ab. Aus geistdurchströmter Suche nach Tiefe wird hier süßes Nichtstun. Fische können stundenlang untätig herumhängen, absolut keinen Finger rühren und keine graue Zelle benutzen. Allenfalls suhlen sie sich noch in klebrig-süßer Melancholie.

Dieser angenehme Rausch der Trauer lässt sich noch durch gewisse romantische Accessoires steigern: Bei Kerzenlicht und Orgelklang vor dem offenen Kamin schmelzen fast alle Fische förmlich dahin und geraten emotional in einen Zustand gut durchgezogener Fischsuppe. Wer's mag …

Außer diesen romantischen Gefühlen entwickeln Fische nur zu gern weitere, ähnlich gelagerte Seelenzustände. Typisch für dieses Sternzeichen ist Mitgefühl bis zur Aufopferung. Ein Beispiel: Wenn ein Fisch seinem Freund in einer alkoholischen Krise beistehen kann, tut er dies ohne jede Rücksicht auf seine eigene Person tatkräftig. Und wie hilft man einem Alkoholiker am besten? Klar – indem man ihm den Schnaps wegtrinkt! Ohne jede Rücksicht auf die eigene Gesundheit greift der Fisch zur Flasche und richtet sich in beispielhafter Selbstlosigkeit zugrunde. Entsagungsvoller geht's doch gar nicht …

Der Lebenslauf

Auch bei diesem Sternbild gilt die Regel aller Wasserzeichen: Es geht feucht zu im Leben. Allerdings im Falle der Fische nicht immer feuchtfröhlich – es kann durchaus auch zu ausgesprochen melancholisch-tragischen Abläufen kommen.

Schon das Fische-Kind ernährt sich mit besonderer Freude flüssig, allerdings ist es hier weniger das Vergnügen an der liebreizenden Verpackung der Muttermilch, die das Fischchen reizt, sondern eher der Stoff an sich. Fische sind auch schon in jungen Jahren ausgesprochene Suchtköpfe, die sich alles Erreichbare reinsaugen müssen. Der Umfang flüssiger Ernährung nimmt aber im Falle des Sternbildes Fisch mit den Jahren eher zu: Erwachsene Fische ernähren sich in vielen Fällen alkoholisch-flüssig, wobei sie lustige, schmutzige oder auch todtraurige Trinklieder absingen. Etwa 90 Prozent aller trinkfreudigen Russen sind zum Beispiel Fische.

Fische, die nicht den alkoholischen Lebensweg einschlagen, haben oft auf andere Art und Weise mit flüssigen Substanzen zu tun. Sie haben ständig Tränen in den Augen, lieben feuchte Träume, aber sind nicht immer flüssig. Ihr Vermögen zerrinnt ihnen zwischen den Fingern und die Lebensjahre plätschern so dahin wie das Wasser in der Regenrinne. Sie sehen schon, es ist alles in allem kein sonderliches Vergnügen, ein Fisch zu sein.

Es sei denn, man ist ein Fisch von Format: Nach wild sprudelnden Jugendjahren nahe der Quelle folgen Zeiten im kühlen Wasser eines breiten, tiefen Stromes, und schließlich mündet der Fluss, und mit ihm das glückliche Fischlein, in die unendliche Universalität des riesenhaften Meeres ... Ist das nichts? Doch solches ist nur wenigen Fischen vergönnt. Und vermutlich wird gerade dort wieder irgend etwas verklappt, wenn das Fischlein in den Fluten des Meeres ankommt.

Die glücklichen Jahre

Zwischen dem 22. und dem 47. Lebensjahr stehen Fische als Wasserzeichen voll im Saft. Später geht es meist trockener zu – schon wegen der Gesundheit. Damit lässt bei den Fischen auch der Spaß am Leben nach.

Fische im Beruf

Entweder wählen Fische den aufopfernd-selbstlosen Weg und werden Lehrer, Krankenpfleger, Assistenzarzt, Fürsorger, Seelsorger oder Anstaltsleiter. Oder sie beschreiten die andere Straßenseite als lebenslange Schüler, Anstaltsinsassen, Fürsorgeempfänger, Patienten. Auch die feinsinnigkünstlerische Straße ist unter ihnen gefragt. Dichter, Schauspieler, Drehbuchautoren, Maler und Musiker sind häufig Fische, weil sie sich in diesen Berufen jedwede Entgleisung erlauben können. So abgesichert, schadet ihr labiles Seelenleben weder ihnen selbst noch ihrem guten Ruf: Ein gewöhnlicher Mensch, der ausflippt, landet in der Anstalt; einen Regisseur, Schauspieler oder Sänger mit derselben Macke treffen Sie in Cannes auf den Filmfestspielen.

Wenn Parawissenschaften nahrhaft waren, könnten Fische an jeder Straßenecke eine esoterische Pommesbude aufmachen. Das Geheimnisvolle, Dunkle zieht Fische ganz besonders an. Deshalb sind sie auch in Bank-, Börsen- und Devisengeschäften tätig, vor allem dort, wo Gelder in dunklen Kanälen versickern.

Vermutlich sind es ebenso finstere Verließe, in denen Fische ihr Seelenheil suchen; ein weiterer typischer Fische-Beruf ist Anhänger eines obskuren Kultes. In der Tat betreiben Fische diese Tätigkeit mit demselben Feuereifer, den andere Sternzeichen auf ihre Berufskarriere anwenden. Psychisches Chaos und geschwollenes Herumsalbadern halten Fische für ein Zeichen seelischer Tiefe. Wer unverständliches, mystisches Zeug vor sich hin brabbelt, ist der ideale mentale Führer für einen Fisch. Wie die Sardinen folgen sie ihm kopflos in die Dose.

In denselben dunklen Kanälen, in denen ihre tierischen Kollegen am Umweltdreck verrecken, suchen menschliche Fische als Detektive, Kriminalisten (vor allem im Morddezernat) nach den finsteren Hintergründen schwerster Kapitalverbrechen. Es sind Fische, die mit Vorliebe Wasserleichen zutage fördern. Und es sind Fische, die mit Vorliebe als Wasserleiche gefunden werden. Kalt und stumm im Wasser treiben, ist für einen Fisch einfach der großartigste Tod.

Mit der Feuchtigkeit haben es die Fische überhaupt: Bademeister, Kapitäne, Getränkehändler, Matrosen, Gastwirte, Reeder, Spülmaschinenhersteller und Barbesitzer, Sekt und Weinhändler, die in ihren Kellereien den Wein verwässern, sind Fische.

Als Drogenhändler sind Fische selbst ihre besten Kunden, als Mönche, Nonnen, Sektenanhänger, Mystiker oder Okkultisten erreichen Fische einen nie gekannten Grad an Verstiegenheit.

Wenn Fische Karriere machen, dann meist eine Drogenkarriere. Einem beruflichen Fortkommen stehen einfach zu viele Hindernisse im Weg – genauer gesagt, eigentlich nur eines: die Person des Fisches selbst.

Statt an ihrem beruflichen Fortkommen zu arbeiten, geben sich Fische Fantasien, Hirngespinsten und Wachträumen hin. Einmal auf den rechten Weg gebracht, zermartern sie sich mit Selbstzweifeln, erkranken an Depressionen oder Neurosen, leiden unter Versagensängsten und verfallen in tiefe Melancholie. Fische haben keine Ellbogen, sondern Flossen. Sie paddeln, flösseln, zaudern und zögern einfach zu viel. Einzelne Exemplare dieses seltsamen Sternzeichens kommen zwar mit einer gewissen Schritt-für-Schritt-Taktik ein Stückchen auf der Leiter nach oben, mehr aber auch nicht.

Die Ausnahme bestätigt allerdings auch hier die Regel: Gelegentlich soll es unter Fischen doch noch den bereits erwähnten Hecht im Karpfenteich geben. Der lauert gefährlich still irgendwo im betriebswirtschaftlichen Schilf, wartet auf einen günstigen Moment und schnappt dann zu. Meist erwischt er seinesgleichen: kleine Fische, an denen er sich fett frisst.

Das Geld

Eigentlich ist der schnöde Mammon dem echten Fisch völlig schnuppe. Entsprechend gehen Fische auch mit dem Geld um. Barmittel zerfließen ihnen – wie sollte es bei einem Wasserzeichen anders sein – zwischen den Fingern. Wenn Fische sich nicht zu genauer Buchführung über ihre Ausgaben durchringen, sind sie ständig pleite. Irgendein Blutsauger ist immer in der Nähe eines Fisches, der ihm die Kohle abzapft. Wenn nicht, richten sich Fische häufig auch ganz allein finanziell zugrunde. Sie geben mit überzogen großzügigen Geschenken an oder werfen ihr Geld in einer Aufwallung von Mitgefühl für die darbende Menschheit mit vollen Händen aus dem Fenster.

Reich werden Fische nur durch Glücksfälle. Da sie zu den Hauptkunden im Kasino gehören und auch die staatlichen Lotterieannahmestellen an Freitagen in der Hauptsache von Fischen gestürmt werden, kommen Haupttreffer unter diesem Sternzeichen gar nicht einmal so selten vor. Allerdings hat der durchschnittliche Fische-Spieler bereits zwei Millionen investiert, bevor er eine gewinnt …

Das Automobil

Fische gehen offensichtlich nicht gern zu Fuß. Das lässt sich aus der Tatsache folgern, dass sowohl Gottlieb Daimler (*17.3.1834) als auch Rudolf Diesel (*18.3.1858) Fische waren. Weiter folgert der akribische Astrologe, dass vermutlich alle Diesel- und alle Mercedesfahrer Fische sein müssen.

Typisch Fisch war Rudolf Diesel allerdings auch in der rätselhaften Art und Weise, in der er sein Leben beendete: Er verschwand in der Nacht vom 29. auf den 30. September 1913 auf dem Weg von Calais nach Dover von Bord eines Schiffes auf Nimmerwiedersehen im Ärmelkanal.

Neben Dieselfahrzeugen fahren Fische am liebsten Aquamobile und voll hochseetüchtige Schwimmautos, deren Herstellerfirmen aber wegen der katastrophalen finanziellen Situation aller Fische längst pleite gegangen sind.

Klar, dass das Fahrzeug des Fisches auch in glitschigen Situationen beherrschbar sein muss. Allradantrieb ist daher ein Muss, ebenso wasserfeste Sitzbezüge.

Die Schokoladenseiten

Mit menschlichen Fischen im Haus kann man sich ein Aquarium sparen. Sie unterhalten ihre Lebensgefährten mit allerbestem Herz-Schmerz-Theater Typ Daily-Soap oder pilchern sich gegenseitig was vor.

Die Schattenseiten

Damit Sie es gleich wissen: Fische sind launenhaft wie eine Diva vor der Premiere. Eben noch wiegen sie ihren Mitmenschen im Gefühl ungetrübten Einverständnisses, überall Friede, Freude, Eierkuchen ... doch schon eine Sekunde später kippt die trügerische Harmonie ins Chaos um. Melancholie, apathisches Nichtstun oder rätselhaftes, irres Gelächter ... Lassen Sie es sich gesagt sein: Nervenzusammenbrüche von Fischen sind unwidersprochen die besten unter den Tierkreiszeichen.

Weiter fegen Fische ihren Kehricht im Wohnzimmer ebenso unter den Teppich wie ihre seelischen Probleme in ihrem Psychokeller. Die liegen dann oft jahrelang auf Eis und werden nicht frischer. An langen, zweisamen Winterabenden kramen echte Fische dann so einiges hervor und beginnen mit der Aufarbeitung.

Der reine Horror

Urangst im Sternzeichen Fisch: die Angst zu versagen. Kleine Fische, die Prüfung? Von wegen! Kein Angehöriger anderer Sternzeichen hat einen solchen Horror davor, irgendetwas nicht geregelt zu bekommen. Und im Regelfall verläuft die Sache dann auch so, wie sie verlaufen muss – schon wegen der sich selbst erfüllenden Prophezeiung in einem solchen Angstzustand:

• Der Fisch versagt, wie er es erwartet hat, beim Autofahren und brettert gegen das geschlossene Garagentor.

- Der Fisch versagt, wie er es erwartet hat, in der Prüfung und verplappert sich, kommt aus dem Konzept und bleibt hoffnungslos stecken.

- Der Fisch versagt, wie er es erwartet hat, als Buchhalter und verrechnet sich um ein, zwei Milliönchen, die er noch nicht einmal in die eigene Tasche expediert hat.

- Der Fisch versagt nicht, wie er es erwartet hat, beim Geschlechtsakt selbst, denn er bricht sich bereits auf dem Weg vom Bad ins Schlafzimmer den Penis, weil er über seine Unterhose stolpert.

- Der Fisch versagt, wie er es erwartet hat, beim ersten Rendezvous mit seiner neuen Flamme, weil er ständig knallrot wird (Rotbarsch?), feuchte Hände hat und vor lauter Nervosität wie ein Sumoringer schwitzt.

- Der Fisch versagt, wie er es erwartet hat, beim ersten Besuch bei den Schwiegereltern, erzählt schmutzige Witze, säuft sich die Hucke voll und nennt die Schwiegermutter schließlich beim Abschied eine »bekloppte Spinatwachtel«.

Es liegt der Gedanke nahe, dass Fische die großen Versager der Astrologie sein könnten.

Die Gesundheit

Trotz des exzessiven Krisensuffs, den Fische immer wieder betreiben, ist nicht die Leber ihr gesundheitlicher Schwachpunkt. Die weitaus größten Gesundheitsgefahren für Fische gehen von medizinischer Literatur aus. Fische, die derartige Werke in die Flossen kriegen, verfallen augenblicklich in tiefste Hypochondrie und fantasieren sich die schlimmsten Krankheiten an den Hals. Der sicherste Schutz dagegen: Meiden Sie, lieber Fisch, alle Bücher, deren Verfasser ein »Dr. med.« ist, wie die Pest – sonst kriegen Sie womöglich dieselbe. Hüten Sie sich auch vor Selbstheilungsversuchen oder den Therapien fragwürdiger Wunderheiler! So mancher Fisch ist schon an seinem Misstrauen der herkömmlichen Medizin gegenüber verstorben!

Mit allen übrigen echten oder eingebildeten Krankheiten und Wehwehchen – Blutarmut, Durchblutungsstörungen, Schilddrüsenerkrankungen, Schlaf- und Appetitlosigkeit, Gicht, Rheuma, Fuß- und Hüftgelenksbeschwerden – werden Fische spielend fertig, wenn sie den richtigen Arzt haben. Fische brauchen den Guru in Weiß, der ihnen auch bei Fußpilz oder Schnupfen Mut zuspricht und ihnen versichert, dass sie noch einmal davonkommen werden. Dann läuft alles wie geschmiert.

Ein medizinisches Kuriosum: Fische vertragen keine Feuchtigkeit! Nasse Füße, feuchte Räume, Nebel, tauender Schnee oder überschwemmte Wohnzimmer nehmen ihnen zuerst die gute Laune und führen dann zu schweren Erkältungen – wie bei allen Angehörigen anderer Sternzeichen übrigens auch.

Anders als diese haben Fische eine rätselhafte Neigung zu Gemütskrankheiten und vereinen oft eine interessante Mischung von Neurosen, Psychosen, Depressionen und Bewusstseinsstörungen in ihrer Person. Ohne diese selbstlose Aufopferung zahlloser Fische wären Tausende von Nervenärzten, Psychiatern und Psychologen längst arbeitslos.

Gegen die ausgeprägte Drogenanfälligkeit der Fische soll übrigens regelmäßiges Beten, viel Gymnastik im Bett (nicht, was Sie schon wieder denken! Ferkel!) und gepfefferter Tomatensaft helfen. Wer's glaubt …

Das Lieblingsgetränk

Ob heiß oder kalt, süß oder sauer, trübe oder klar – Hauptsache alkoholisch. Wasser, innerlich angewendet, meiden Fische, soweit es irgend geht. Vermutlich deshalb, weil sie lange, erdgeschichtliche Perioden darin herumgepaddelt sind und es nun irgendwie über haben.

Das Lieblingsgericht

Mit Vorliebe essen Fische japanisch: Algen und Tang gehören zu ihren Leibgerichten. Der Zwiespalt in der Person der Fische wird besonders offensichtlich, wenn man sich vor Augen führt, dass dieselbe Küche *lebend frische Fische roh* anbietet!

Weiter neigen Fische zu Süßspeisen und vor allem zu Schokolade in allen Formen. Sie fressen davon so viel, dass sie Karies, unreine Haut und unschöne Schwimmringe am Bauch kriegen – wie übrigens Angehörige anderer Sternzeichen auch.

Zu Frisch- und Rohkost sowie Reform- und Vollwertkost, die Fischen besonders bekommt, haben sie eine sehr zwiespältige Meinung. Ja, die Fische spalten sich gar in zwei Lager: Die einen hassen den Ökofraß wie die Pest. Die anderen kämpfen wie Furien für dessen bundesweite Zwangseinführung und ernähren sich ausschließlich von Müsli oder Grünkern. So prophetisch sie diese Kost auch vertreten: Man erkennt Fische-Vegetarier und -Ernährungsapostel leicht an ihrem säuerlich-asketischen Gesichtsausdruck.

Alle Kochrezepte, die durchschnittliche Fische im Allgemeinen mögen, sollten etwa einen halben Liter Cognac oder

Whiskey enthalten. Weincreme ist mit Weinbrand, Biersuppe mit Korn aufzuwerten.

Welche anderen Gewürze eine Speise enthält, ist Fischen im Grunde egal. Guten Appetit – oder besser: Prost!

Das bevorzugte Lokal

Gemütlich gekachelte Restaurants in Schwimmbädern liegen Fischen besonders. Da kann man so schön ins Wasser abtauchen, wenn der Kellner mit der Rechnung kommt. Fische hassen: Fischbrathallen, Fischrestaurants, Kaschemmen mit Goldfischglas, Fast-Food-Filialen mit Fischburgern und Pommesbuden mit Fischfrikadellen. Immer wieder besuchen Fische Tierhandlungen irrtümlich als Speiselokal, weil dort die von ihnen hochgeschätzten Wasserflöhe serviert werden.

Das Lieblingstier

Das Lieblingstier des Fisches ist, wie gesagt, häufig der Wasserfloh. Ihn hat der Fisch zum Fressen gern. Andere Fische schätzen den Regenwurm über alles, den sie schon fast zum Wappentier hochstilisieren. Fische mit weniger tierischen Zügen halten sich Fische im Aquarium, vermutlich um sich die Begrenztheit der eigenen Existenz deutlich vor Augen zu führen: Ein Flossenschlag, und schon knallst du vor die Scheibe ...

Fische hassen Katzen. Ebenso unbeliebt sind Fischreiher, Gerichtsvollzieher und Drogenberater.

Die Sportart

Die Disziplin des Fisches ist – na, da kommen Sie nie drauf. Nein, nicht schwimmen: Abtauchen! Kein anderes Sternzeichen versteht es so perfekt und zielbewusst, die Biege zu machen. Weitere Disziplinen, in denen Fische wirklich gut sind:

- 100-Stunden-Problemverdrängen,
- alkoholischer Marathon,
- Fluchtweltumsegelung,
- Formationstraumtanzen,
- 10-Kilometer-Langstreckenzögern.

Und zahllose ähnliche Sportarten. Für ihre Fitness unternehmen Fische meist kurze Spaziergänge. Sehr kurze Spaziergänge ... viel zu kurze Spaziergänge ...

Das Smartphone

Auch wenn es Sie langweilt: Suchtgefahr – nachdem Fische anfangs Schwierigkeiten haben, ein Smartphone zu benutzen, legen sie es wenig später gar nicht mehr aus der Hand. Allerdings kommt es immer wieder zu Zwangspausen, weil der Fische-Benutzer sein Gerät nicht beherrscht und irgendwo in den Voreinstellungen für das Gerät geradezu tödliche Konfigurationen aktiviert hat. Bestimmte Marken bevorzugen Fische nicht. Irgendwann hängen Sie an jedem Produkt fest, und irgendwann machen Sie jedes Gerät kaputt. Übrigens landen Fische-Smartphones auch überdurchschnittlich häufig im Wasser. Vielleicht sollten Sie, lieber Fisch, ein wasserdichtes Modell wählen.

Online

Eine sinnvolle Nutzung des Internets ist für Fische ausgesprochen schwierig. Selbst bei dem Versuch, auf Google die Informationen zu einem Begriff zu erhalten, verlaufen sie sich in Regionen des Netzes, die vor Ihnen noch kein Mensch betreten hat. So wurde das Darknet vermutlich von Millionen von Fischen geschaffen, die sich irgendwie digital verlaufen hatten. Da Menschen des Sternzeichens Fische über ein enormes Suchtpotenzial verfügen, können sie natürlich auch internetsüchtig werden. Hinzu kommt, dass sie die negativen Seiten ihrer Person im Netz verstärkt auslegen können. So bauen zum Beispiel ganze Fischschwärme in Mindcraft digitale Traumwelten. Außerdem verlieben sie sich in Partnerbörsen jeden Tag aufs Neue unsterblich.

Das Lieblingsbuch

Fische schätzen Ratgeber – völlig klar, wegen ihrer ständigen inneren Unsicherheit. Aus demselben Grunde lesen Sie auch gerne Bücher über historische Versager und deren Gefühlswahrnehmungen. Es fühlt sich einfach angenehm an, jemanden zu haben, der genauso ein Freak oder Nerd ist wie man selbst.

Weitere Titel auf der Fische-Seller-Liste: *Der alte Mann und das Meer*. Irrtümlicherweise wird oft auch *Moby Dick* gelesen – typisch Fische! So kommt es, wenn es an biologischem Grundwissen fehlt! Wale sind keine Fische, sondern in Wirklichkeit Reptilien! Allgemein lässt sich sagen, dass Fische alles Sentimentale lieben – Arztromane, Beziehungsdramen, Lehrerinnen-Lyrik und Sülzschinken jeder Preislage und jeden Kalibers stehen im Bücherschrank eines echten Fisches.

Der Lieblingsfilm

Fische-Film-Hits: *Findet Nemo!* mit dem unvergleichlichen Fisch-Star in Orange, *Der Fluss und der Tod*, *Die Forelle*,

Der weiße Hai I, II und *III* (in 3D!); irrtümlicherweise oft auch Verfilmungen des Romans *Moby Dick*. Typisch Fische! So kommt es, wenn es an biologischem Grundwissen fehlt! Wale sind keine Fische, sondern in Wirklichkeit Vögel! Außerdem stark gefragt: Liebesschnulzen, Eifersuchtsdramen, Menschen (Fische) in ausweglosen Ehekrisen, Alkoholiker- und Familiensagas.

Die Lieblings-TV-Serie

Es liegt quasi auf der Hand: Romantiktriefende Endlosserien wie *Sturm der Liebe* oder *Rote Rosen* sind die Favoriten. Bei weiblichen, aber auch männlichen Fischen kommen die Schmalzdramen von Jungfrau Rosamunde Pilcher (*22.9.1924) und Waage Katie Fjorde (*27.9.1952) besonders gut an. Auch ein bisschen *Gute Zeiten, schlechte Zeiten* oder *Berlin – Tag und Nacht* geht immer.

Die Lieblingsmusik

Ob Pop, Rock, Jazz, Oper oder Klavierkonzert – Hauptsache es tönt romantisch. Angehörige anderer Sternzeichen rennen schreiend aus der Sporthalle und zeigen alle Anzeichen einer schweren Kitschvergiftung, wenn Fische sich richtig wohlfühlen. Schwülstige Synthesizer-Klangteppiche à la Schiller, schluchzende Geigen Marke André Rieu, jammernde Margarinestimmen oder überbordende Tastenläufe machen Fische glücklich. Gönnen wir ihnen den Spaß – schließlich lebt eine ganze Armee von Komponisten, Interpreten und Produktionsfirmen davon.

Das Reiseziel

Fische reisen am liebsten auf dem Wasser. Kreuzfahrten auf Luxuslinern mit gut sortierter Bar liegen ihnen besonders. Wenn das Geld fehlt, tut es auch ein Motorboot oder der geliehene Kahn auf dem Baggerloch.

Typische Reiseziele von Fischen sind wasserreiche Gegenden: Seenplatten, Inseln, Meeresküsten oder Flusstäler. Im Hochgebirge fühlt sich der Fisch nur wohl, wenn ein See oder eine Klosterbrauerei in der Nähe ist.

Das Rauschmittel

Typische Droge? Alles ist eine typische Droge für Fische – alles, was irgendwie *reinhaut*. Alkohol, Koks, Crack, Heroin, Meskalin, Terpentin, Ice, Ecstasy, STP, LSD, CDU, PVC; FCKW, 1.FC, Kamillentee, BMW ...

Die Ausrede

»Du, ich hatte gestern wieder eine schwere seelische Krise und konnte deshalb das Treppenhaus nicht putzen/den Abwasch nicht machen.«

Die Leiche im Keller

Gegen irgendein klitzekleines Drogengesetz hat garantiert jeder Fisch mit dem Besitz eines klitzekleinen Bisschens irgendeiner Droge verstoßen. Außerdem benutzen Fische illegale Anrufbeantworter und Mikrowellengeräte (der große Kabeljau allein weiß, wie der Autor auf diese Schwachsinnsbehauptung kommt).

Das Glanzlicht

Um wie vieles ärmer wäre die Welt, hätte nicht der Fisch Robert Baden-Powell (*22.2.1857) die Pfadfinderbewegung ins Leben gerufen. Hunderttausende von Jungen und Mädchen hätten auf die prägende Erfahrung feucht-kühler Nächte in zugigen Zelten verzichten müssen, Tausende verstimmte Gitarren hätten geschwiegen, Tausende Lagerfeuer nicht lodern dürfen und Tausende ätzende Pfadfinderlieder wären niemals erklungen. Bravo, Robert Baden-Powell!

Der Flop

Die ganz große Niederlage erlitt der Fisch und französische Naturforscher René Antoine Ferchault de Réaumur (*28.2.1683), der auf die Schnapsidee kam, das Thermometer zwischen Gefrier- und Siedepunkt des Wassers in 80 Grade zu teilen. Die 100-Grad-Version von Anders Celsius verdrängte Reaumurs Hitzemesser bald von der Hitliste, und Reaumur entschloss sich stocksauer, den Alkohol aus seiner Version des Thermometers auszutrinken. So beflügelt verfasste er eine zwölfbändige Abhandlung über die Insekten – sehr zum Leidwesen der zahllosen Fliegen, Ameisen, Schaben, Käfer, Engerlinge, Raupen und Schmetterlinge, die er zu Studienzwecken um die Ecke brachte.

Eine andere Fische-Glanztat: Die absolut nervendste Formel des Physikunterrichts brütete der zugegeben geniale Fisch und Physiker Albert Einstein (*14.3.1879) mit seiner Relativitätstheorie aus, die zwar unbestritten die moderne Physik revolutionierte, aber Hunderttausende von Schülern Fünfen und Sechsen in Physik bescherte und womöglich ihr berufliches Fortkommen behinderte. Nicht nett von dir, Albert! Wär's nicht auch einfacher gegangen?

Der Bluff

Seiner eigenen Hinrichtung wegen Aufruhrs und Landesverrats entzog sich der lebenskluge Fisch Graf Julius Andrássy (* 3.3.1823) durch die Flucht. Dennoch hing er am 22. September 1850 am Galgen – auf einem Bildnis in Öl, das der Henker in Ermangelung eines Delinquenten aufknüpfte. Doch die Zeiten ändern sich schnell: 1871 wurde derselbe gräfliche Staatsfeind und Aufrührer unter neuen politischen Verhältnissen Aussenminister der Habsburger Monarchie.

Die Liebe

Kaum ein anderes Sternzeichen braucht Liebe und Zuwendung so sehr wie der schwache, gefühlsbetonte Fisch. Und kaum ein Angehöriger eines anderen Sternzeichens versteht es so glänzend, aus einem wohlmeinenden, bis über beide Ohren verliebten Partner eine tobende Furie oder ein seelisches Wrack zu machen. Wie solches vor sich geht? Lesen Sie selbst:

Fische-Frauen

Wahre Wunderweiber, die Fische-Frauen, sollte man(n) meinen! Anschmiegsam, gefühlvoll, zärtlich, romantisch, verträumt und anpassungsfähig sollen sie sein, großzügig bis zur Selbstaufopferung und dabei auch noch voller wunderbarer Gemütsruhe. Fische-Frauen suchen Wärme, Liebe und Geborgenheit, heißt es. Zu allem Überfluss behaupten Astrologen auch noch, Fische-Frauen würden ihren Partner anhimmeln oder gleich anbeten und vergöttern. Und schließlich und endlich soll unter dem Deckmantel des sanften Weibchens irgendwo auch noch wilde Leidenschaft lodern. Alles reinste Fiktion! Die Story mit dem Superweib ist erstunken und erlogen!

Fische-Frauen können Männer in den Wahnsinn treiben. Sie sind misstrauisch, neigen zum absoluten Clinch und übertreffen selbst Klammeraffen, wenn es darum geht, sich die Nähe ihres Partners zu sichern. Zudem sind Fische-Frauen psychisch labil und besonders erotisch äußerst wankelmütig. Sie lassen sich von jedem hergelaufenen Weiberhelden anbaggern und sind ohne Schwierigkeiten zu ganzen Serien von Seitensprüngen zu überreden. Wen wundert es noch, dass sie wie gedruckt lügen können. Sie erfinden dank ihrer ausufernden Fantasie geradezu wolkenkratzerhohe Rechtfertigungsgebäude und hören auch dann nicht mit ihren unglaublichen Ammenmärchen und Geschichten auf, wenn sie von ihrem Liebhaber bereits im sechsten Monat schwanger sind. Wenn Sie also schnell eifersüchtig werden und wild ausufernde Dramen lieben, suchen Sie die Nähe einer Fische-Frau.

Fische-Männer

Wenn man der Astrologie Glauben schenken will (wer tut das schon?), sind Fische-Männer die absoluten *Super-Cracks*. Sie umgarnen ihre Partnerinnen mit Geduld, überbringen ihnen fantasievolle Liebesbeweise, zeigen Verständnis, Sanftmut und Empfindsamkeit, durchschauen ihre Liebste vom ersten Augenblick an mit einem rätselhaften sechsten Sinn und lesen ihr die Wünsche von den Augen ab ...

Pustekuchen! In Wirklichkeit kommen Fische-Männer erotisch nicht aus dem Quark, schieben Entscheidungen und vor allem Taten auf die ganz lange Bank, wollen nicht, wenn SIE will, und können nicht, wenn sie selbst endlich wollen.

Bei Beziehungskrisen machen Fische-Männer den großen leidenden Schweiger, praktizieren Liebesentzug und Sexualstreik, statt sich mal mit einem lauten Fluch Luft zu machen. Längst anstehende Trennungen schieben sie aus Mitleid (mit wem?) bis zum Sankt-Nimmerleins-Tag hinaus.

Hinter dem Image des einfühlsamen Frauentrösters steckt nur allzu oft der Spießer, der im gemütlichen Heim am Elektrokamin bei *TV Total* dumpf kichernd verschimmeln würde, wenn seine Partnerin ihm nicht gelegentlich Feuer unterm Hintern machen würde.

Eine weitere und besonders ruinöse Eigenschaft des Fische-Mannes: Er ist der geborene Traumtänzer. Ständig brütet er die unglaublichsten Zukunftspläne aus, ohne auch nur den geringsten Ansatz für ihre Realisierung zu machen. Während er seine Luftschlösser entwirft, kann sie die Kohle für den vollen Kühlschrank ranschaffen. Wenn Sie als emanzipierte Frau auf softe Hausmänner stehen, für die Sie sorgen können, schaffen Sie sich einen Fische-Mann an! Nur glauben Sie ja nicht, dass er freiwillig den Abwasch oder sonst etwas im Haushalt erledigt! Und nehmen Sie den Schlüssel der Hausbar mit, wenn Sie sich in den harten Acht-Stunden-Alltag stürzen! Sonst finden Sie Hering in Madeira vor, wenn Sie abends abgekämpft nach Hause kommen ...

Die Anbaggerszene

Fische angeln ihre Partner mit Vorliebe im feuchten Element. Sie umflösseln sie ein, zwei Stündchen und holen dann zum entscheidenden Flossenschlag aus. Manche lauern auch wie der Hecht versteckt im Schwimmbad zwischen den Wasserpflanzen oder in der Disco zwischen den Töpfen der Hydrokultur.

Das Sex-Verhalten

Jüngere Fische treiben es in jeder Lebenslage. Das feuchte Element, aus dem sie kommen, hat ihnen das Gespür für die Belastungen der Schwerkraft genommen, und so versuchen sie alles, bis hin zur halsbrecherischen Akrobatik. Später werden Fische ruhiger und vollziehen auch den Liebesakt entsprechend – irgendwie dümpelnd zwischen den Wasserpflanzen ...

Die Idealpartner

Krebs und Skorpion sollen mit Fische-Partnern förmlich den siebten Himmel erreichen. Auch Widder, Stier, Steinbock und Wassermann laufen mit Fischen zu erotischer Hochform auf, wenn auch so manche Gewässerverschmutzung die Freuden trüben kann. Jungfrauen sind für Fische viel zu sachlich und erotisch viel zu computergesteuert; Zwillinge nerven den Fisch mit ihrem ständigen Gelaber. Mit Löwe und Waage kommen Fische gelegentlich gut aus; mitunter gibt es aber auch Heringssalat oder Forelle blau bis vollstramm.

Um Irrtümern vorzubeugen – bei den folgenden Paaren geht es nicht um tatsächliche Konstellationen. Namen stehen nur für Typen und Charaktere. Wie sonst wären Paarungen über den Abgrund der Jahrhunderte hinweg denkbar? Doch die schwache Fantasie von uns Menschen braucht Anregungen, Vorstellungen, griffige Bilder, um zu funktionieren. Leider werden die meisten unserer Traumpaare in der Wirklichkeit nicht zueinander finden können.

Fisch und Widder

Der windbeutelige Widder und der hypersensible, sucht-
gefährdete Fisch – das geht ins Auge, glaubt man. Richtig.
Dem empfindsamen Fisch ist der viel zu laute Widder ein
Gräuel, ein echter Horrorschocker, der ihn in die Weiten
pharmazeutischer Fluchtwelten treibt.

Aber auch falsch. Der seelisch stabile Widder hat im still
duldenden Fisch sein bestes Publikum. Beim Fisch kann er
seine miesen Gags ausprobieren, seine große Schau abzie-
hen, ohne Kontra zu bekommen. So unglaublich laut, leicht-
sinnig und bedenkenlos möchte der Fisch auch einmal
sein – es ist echte Bewunderung. Und darin sonnt sich der
Widder, dieser miese Angeber, nur zu gern.

In der Liebe zwischen männlichem Widder und weibli-
chem Fisch geht es wenig symmetrisch zu. Der dominante
und laute Widder-Mann zieht sich die zarte, verinnerlichte
Fisch-Frau rein wie eine Tüte Pommes oder Fish & Chips –
er vernascht sie förmlich. Und wendet sich dann anderen
Schnellimbissen zu.

Auch Fischmänner sind eher Opfer – der pflegeleichte Idealpartner für karrieregeile Widder-Frauen. Sie spülen, waschen ab und ziehen die Bälger groß. Es heißt, gewisse Frauenzirkel arbeiteten an der gentechnischen Nachzucht von Fische-Männern.

Promi-Paar Widder-Fische:
Steve Jobs (Fische) und
Motsi Mabuse (Widder)

»Jetzt hör doch mal auf mit der Hopserei, Motshegetsi!«, regt sich Steve auf. Wenn er sie mit ihrem vollen Vornamen anspricht, ist er kurz vor dem Explodieren. »Mir scheint, du hast schon wieder Chili im Blut! Du bringst mir ja die ganze iCloud durcheinander! Wie soll ich denn da das neue iPhone 37 XXXL erfinden? Schließlich müssen wir ja jeden Monat die Raten für unser iGenheim bezahlen!« Hopserei? Unverschämtheit! ICloud, iPhone, iGenheim … pah, was bläst er sich auf, dieser selbst ernannte Computerguru! Von derartig unbedeutenden Dingen lässt sich Motsi doch nicht ihre Tanzkunst miesmachen! Nichts als pure iTelkeit! Auf ein paar Milliarden kann man auch mal verzichten. Schließlich ist sie anerkannte Profitänzerin und Jurorin in kulturell äußerst wertvollen Tanzshows! Und das ist kein billiges iGenlob!

+++ (???)

Fische und Stier

Fische angeln sich gelegentlich einen Stier. Sie wissen, warum. Die haltlosen Wasserwesen finden nicht nur Wärme und Geborgenheit, sondern häufig auch Bares auf der hohen Kante. Und das können Fische immer brauchen. Stiere lieben an Fischen den Hauch des Verworfenen, Verruchten, die Eleganz der Dekadenz, die ihnen selbst so völlig abgeht. Nur zu gern stürzen sich Stiere in die lockenden Gefühlstiefen der Fische; sie selbst als Rindviecher kommen ohne diese Hilfe emotional nicht über die grüne Wiese hinaus.

Promi-Paar Fische-Stier:
Barbara Schöneberger (Fische) und
Ranga Yogeshwar (Stier)

»Mein Ranga kann alles und weiß alles!« Barbara hat ihr Lexikon verbrannt und den Wikipedia-Link gelöscht, seit sie mit Ranga zusammen ist – nicht umsonst arbeitet er ja beim Besserwisser-Fernsehen. Schon erstaunlich, an manchen Tagen waten sie in ihrer Wohnung knietief in Wissen, und in der Garage hat er noch einige Kubikmeter tieferer Erkenntnis gelagert. Doch die Bewunderung ist nicht einseitig, sondern die Grundlage ihrer Beziehung; »Was du nicht so alles wegmoderierst!«, schmeichelt Ranga seiner kuhäugigen Schönen. »Wer nicht bei drei auf den Bäumen ist ...« – »... der wird Teil der omnipräsenten Talkshow, lieber Briefträger, ich freue mich, Sie hier in unserer Wohnung als ersten Besucher dieses Tages zu begrüßen, Millionen Zuschauer in In- und Ausland haben auf Sie gewartet ...« Da, sie tut es schon wieder, dabei wollte der Postbote doch nur das Päckchen mit dem Nobelpreis für Ranga abgeben ...

Fische und Zwillinge

Fische gehen den redegewandten Zwillingen nur zu schnell an die Angel, und vielen Zwillingen ist es manchmal nach ein wenig Fisch zwischendurch. Allerdings sind Fische auf Dauer für viele Zwillinge meist zu nachdenklich und zu still. Oft gibt es Tränen, wenn ein Zwillingsmann sich von einer Fische-Frau trennt. Fische weinen viel – sie sind Wasserzeichen. Trennt sich umgekehrt eine Zwillingsfrau von einem Fische-Mann, vergießt dieser nur selten eine Träne. Statt dessen trinkt er viel – Fische sind eben Wasserzeichen.

Wenn allerdings die lustbetonten Eigenschaften beider Sternzeichen zusammenkommen, ergänzen sie sich aufs Prächtigste: Fische und Zwillinge sind – jeder auf seine Art – ungeheuer vergnügungssüchtig. Fisch-Zwillingspaare durchzechen gemeinsam unzählige Nächte, bereichern Spielklubs und Kasinos oder lassen eben unabhängig voneinander die Puppen tanzen.

Promi-Paar Fische-Zwilling: Anne Will (Fische) und Jean-Paul Sartre (Zwilling)

Wie viele Tränen hat die kleine Anne geweint, als er im Mai '68 mit Tausenden von Studenten (und Studentinnen!) auf die Straße ging? Sie weiß es nicht mehr. Aber er braucht das Neue, Anregende, das Gespräch und die Diskussion, doch zu einer ihrer Talkshows wollte er nie mit. Man will sich ja nicht aufdrängen bei der Bourgeoisie. Doch er ist immer bei ihr und folgt ihr in stiller Freude: Manchmal, wenn er sich, vom Revolutionieren abgeschlafft, vor dem Fernseher erholt, sieht er ihre Sendung, sein Herz geht ihm auf und er findet erholsamen Schlaf wie all die Millionen anderer Fernsehzuschauer auch. Ganz und gar nicht mag sie es aber, wenn sie nach Hause kommt, er auf dem Sofa schläft und sich Illner oder Maischberger auf dem Bildschirm tummeln – nein, fremdgehen, das mag mit Simone de Beauvoir gegangen sein, Anne will das nicht. »Morgen zur Strafe Lanz – die ganze Sendung!« Da ist sie konsequent.

Fische und Krebs

Beide stehen auf Gefühle, lieben Luftschlösser und Traumgebilde und suhlen sich in ihrer Innerlichkeit. Klar, dass diese beiden Wasserwesen ein gemeinsames Aquarium beziehen. Wenn auch der Fisch dem Krebs gelegentlich ein wenig zu sehr auf Droge ist und der Krebs in den Augen des Fisches manchmal zu sehr auf der Spießerstraße lustwandelt, so akzeptieren und verstehen sich die beiden glänzend, mitfühlend, wie sie sind. Wenn sich allerdings die übertriebene Schwarzseherei des Fisches zufällig mit einer depressiven Phase des Krebses trifft, ist emotionale Gewässerverschmutzung die Folge. Meist schaffen es jedoch die natürlichen Reinigungskräfte, die trüben Fluten schnell zu klären.

Promi-Paar Fische-Krebs:
Kurt Cobain (Fische) und
Courtney Love (Krebs)

»Sag mal, was riecht das denn hier so merkwürdig?« Courtney rümpft das Näschen. »Emmentaler? Alte Socken, verwesende Kakerlaken?« Nichts Ungewöhnliches in einem Haushalt der Grunge-Szene. »Das ist Teen Spirit, mein neues After Shave!« Ein weiteres Duftwölkchen wallt zu Courtney hinüber. »Ja, man gewohnt sich dran, ganz nett ... irgendwie erregend ... oh.« Ihr wird irgendwie eng in der Bluse, es zieht sie in Kurts starke Arme. Mit Urgewalt drängt sich ein Musikstück in ihr Bewusstsein, und ihre unvergleichliche Stimme artikuliert erotisch-kehlig ihren Song »Wedding Day«: »Break my neck on my wedding day, here comes the bride, and she's covered in ache ...«

Fische und Löwe

Außen und innen, Feuer und Wasser – das kann so nicht gut gehen. Der fette Löwe drückt den zartbesaiteten Fisch in der Beziehung völlig zur Seite, und manchmal bleibt dem Flossenwesen nur die Flucht ins Blaue. Dem Luxusbedürfnis des Löwen sind die Spielsucht und die weltfremden Träumereien des Fisches abträglich, denn statt Geld für die löwensnotwendige Repräsentation heranzuschaffen, bastelt der Fisch an unsinnig teuren Luftschlössern …

Promi-Paar Fische-Löwe: Barbara Schöneberger (Fische) und Arnold Schwarzenegger (Löwe)

Ein echtes Traumpaar, sollte man meinen: Er, der kühne Kämpfer mit dem athletischen Body und zugleich der geistdurchdunkelte Philosoph und Weltverbesserer, verteidigt seine Angebetete gegen jede weltliche Anfeindung, und sie unterhält ihn dafür mit lieblichen Blicken ihrer ausdrucksvollen Augen und ebensolchen Körperformen. Doch das Idyll trügt. Ihm wird jedes Mal schlecht, wenn sie sich auf dem Bildschirm vor der Kamera als Moderationsroboter für jede Gelegenheit produziert, und sie ist stinksauer, wenn er sie bei jedem sich bietenden Anlass mit ihrem Spitznamen anspricht: »Hasta la vista, Barbie!«

???

Fische und Jungfrau

Im klassischen Sinne opponierende Zeichen wie Jungfrau und Fisch können nur selten zu wahrer Liebe finden. Der Fisch ganz Gefühl, die Jungfrau ganz Intellekt – das muss in die Hose gehen. Während die Jungfrau mit der Unordnung, der Launenhaftigkeit und dem übermäßigen Drogenkonsum des Fisches nicht zu Rande kommt, verkümmert der Fisch emotional und vor allem sexuell, denn Sex nach dem Terminkalender ist nicht Sache eines echten Fisches. Schon bald sieht er sich deshalb nach weiteren Gewässern um, während die Jungfrau auf dem Trocknen sitzt ...

Promi-Paar Fische-Jungfrau: Michelangelo (Fische) und Cameron Diaz (Jungfrau)

Dieses Chaos in der Hütte! Statt mal aufzuräumen oder zu kochen, hat er die Decke vom Badezimmer mit kitschigen Engelchen ausgemalt, und als Cameron nach Hause kommt, feiert der fertige Typ mit der Sixtinischen Kapelle in der Küche Feten – schon das dritte Mal diese Woche!

Cameron hingegen lebt nach ganz anderen Vorgaben: hartes Training, gute Laune, und viel Entspannung, nur: Wie soll man sich hier entspannen? Doch sie zieht ihr Training durch, verstreicht brav ihre Antifaltencreme, telefoniert noch mit ihrem Agenten und geht früh ins Bett. Wenn das mit dem nächsten Millionenhonorar klar geht, ziehen *Good Charlotte* ein und dieser italienische Pinselschwinger fliegt achtkantig raus!

?

Fische und Waage

Diese Sternzeichen finden schon zusammen. Schnell beeindruckt die elegante Waage den Fisch, ebenso schnell nimmt der sanfte Fisch die Waage gefangen. Wie lange ein Zusammenleben gut geht, hängt oft von äußeren Faktoren ab. Auf jeden Fall zieht die Waage in die Luftschlösser und Kartenhäuser nur zu gern ein, die der Fisch baut – wenn die Statik nicht stimmt, kriegen beide was auf die Birne. Dann siegt bei der Waage oft der Realitätssinn, und sie überlässt die Aufräumarbeiten anderen.

Für den Fisch liegen die Schwierigkeiten an anderer Stelle: Fische lieben tiefe, klare Gewässer. Die Waage bietet

ihrem Fisch gefühlsmäßig allenfalls einen flachen Spring-
brunnen – auf die Dauer ist das nicht genug.

Promi-Paar Fische-Waage:
Jan Böhmermann (Fische) und
Dita Von Teese (Waage)

Sie sieht die Welt auf neue Weise, seit sie sich von Mary-
lin Manson getrennt hat – nicht mehr so finster, aber dafür hängt jetzt immer so ein seltsamer spargeldünner Typ
im Anzug in ihrem Gesichtsfeld herum. Ach so, das ist ja
der Jan! Jetzt strippt sie nur noch für ihn. Der Jan findet es
ganz toll, mit der Reinkarnation eines Glamour-Girls zusam-
menzuleben – als Satiriker muss er sich ohnehin ständig mit
nackten Tatsachen konfrontieren. Und wenn ihre Hüllen fal-
len, quittiert er das stets mit einem erigierten Mittelfinger
oder seiner berühmten hochgezogenen Augenbraue. Hui,
Dita, das macht mich an! Mit ihrem Adelstitel passt sie auch
wunderbar zu seiner vielfach mit dem Gump-Preis ausge-
zeichneten Sendung mit der Ziege, *Neo Hüper Luxus Ma-
gazin Royale*, eine delikate Mischung aus Dampfplauderei-
en, überflüssigem Schwachsinn und gebührenfinanzierter
Selbstüberschätzung. Zwei wie die haben uns gerade noch
gefehlt!

Fische und Skorpion

Große Anstrengungen muss der Skorpion nicht unternehmen, um den Fisch zu fangen. Der ist von dem selbstsicheren und leidenschaftlichen Kämpfer sofort fasziniert und geht ihm freiwillig ins Netz. Er bekommt dafür ein gemütliches Goldfischglas mit reichlich Futter, wird im Krisenfalle vom Skorpion seelsorgerisch betreut und kann deshalb auf die Zugabe von C_2H_5OH in seinem Wasser verzichten. Als Gegenleistung darf der Skorpion gelegentlich in der enormen Gefühlstiefe des Fisches herumschwimmen. Ein Paar, das mühelos zwei, drei Legislaturperioden überdauert.

Promi-Paar Fische-Skorpion:
Markus Lanz (Fische) und
Scarlett Johansson (Skorpion)

Seit ihren Auftritten als Natasha Romanoff alias Black Widow mit Captain Amerika und den Avengers kann sie ganz gut beurteilen, welche Eigenschaften einen männlichen Superhelden auszeichnen, und ja, der Markus, der sprechende Südtiroler Anzug, ist einer! Keiner kann wie der Man in

Grey ein ganzes Studio voller Talkgäste in Grund und Boden quatschen oder ihnen durch seine schiere Präsenz seine Meinung aufs Auge drücken. Auch schafft er es, zugleich Moderator und Talkgast seiner eigenen Show zu sein. Welcher Talkmaster beantwortet schon seine eigenen Fragen? Biolek, Kerner, Pilawa, Beckmann, Pflaume, Meyer-Burckhardt, nicht einmal ein Mann wie Jauch hat das je geschafft! Weil beide, Scarlett und Markus, immer ziemlich viel zu tun haben, sehen sie sich selten, aber Markus freut sich jedes Mal, wenn er sie nackt auf dem Cover eines US-Magazins zu sehen bekommt, besonders wenn Dita Von Teese mit auf dem Bild ist.

Fische und Schütze

Leidtragende dieser Beziehung sind meist die Fische – von ihnen bleiben nur Gräten übrig. Vorbei ist es mit ihren tiefgründelnden Gefühlen, ihrer süßen Melancholie und ihren zarten Traumgespinsten, wenn Schütze und Fische aufeinandertreffen. In der ersten Zeit der neuen Liebe röstet der Schütze den Fisch über seinem Feuer der Leidenschaft, wirft aber schon bald seine Angel aus und sieht sich nach neuer Beute um. Übrig bleiben Fische, die sich allenfalls noch als

Ölsardinen eignen. Oder – sollte es zu einer Ehe kommen – Schützen, die ständig vor Langeweile gähnen müssen …

Promi-Paar Fische-Schütze: Albert Einstein (Fische) und Daryl Hannah (Schütze)

»Relatively hot …«, hauchte sie, als sie Alberts weises Haupt zum ersten Mal erblickte, doch nährte ihr Liebesfeuer nur Stroh, es loderte nur kurz. »Oh, mach mir noch mal den Killerrobot wie im *Blade Runner*!«, hauchte Albert, und in ihm war eine unvorstellbare Glut aus dem Innern der Materie entflammt. In seinem gigantischen Gehirn spaltete sich unter dem Anprall ihrer erotischen Teilchen Atomkern um Atomkern, aber wehe, sie hatte das Zyklotron seiner Gefühle längst in tangentialer Flucht verlassen. Die Energie verpuffte ungenutzt, denn sie dachte für sich: ›Kill Bill? Wie wäre es mit Albert …?‹ So zurückgewiesen und um nicht im atomaren Feuer seiner leeren Liebe zu verglühen, floh Albert in die Arbeit, rang mit Protonen und Neutronen, spaltete hier Quarks und verschmolz dort Mesonen, bis er schließlich seine einmalige Relativitätstheorie zusammengedengelt hatte, die universell gültige Formel $e = mc2$, die jedem, der sie zu verstehen versucht, eindeutig sagt: Dein Verstand ist relativ bescheiden. So schlimme Folgen kann missglückte Liebe haben.

Fische und Steinbock

Eine weitere unsymmetrische Verbindung – um sie nicht ausbeuterisch zu nennen. Der Steinbock biegt den schwachen Fisch für seine herrschsüchtigen und konservativen Vorstellungen hin und genießt ein angenehmes und bequemes Leben, während der Fisch bis über beide Kiemen in Arbeit steckt. Einzige Gegenleistung: die starre und relativ sichere Weltsicht des Steinbocks bewahrt den Fisch vor Luftschlossprojekten und vor Abstürzen alkoholischer Art. Sonst hat er wenig von dieser Verbindung. Viele zarte Fische verkümmern unter der Fuchtel von Steinböcken ohne die Liebe und Zärtlichkeit, die sie so nötig brauchen ....

Promi-Paar Fische-Steinbock: Hannes Jaenicke (Fische) und Maybrit Illner (Steinbock)

Der sanfte Macho und die Talk-Tigerin – kann das gut gehen? Solange er nicht mit Erzkonkurrentin Anne Will anbandelt, sicher. Auch sollte er Maybrit besser nicht mit Sandra Maischberger verwechseln – das wäre dann peinlich. Und natürlich darf er auch nicht so unsensibel sein, sie zu stören, wenn sie ihren Hildegard-von-Bingen-Preis für Publizistik poliert oder die Goldene Kamera – das gehört sich einfach nicht. Er ist kein Fan ihrer Merkelfrisuren und mag es nicht, wenn sie ihn schon beim Frühstück routinemäßig interviewt. Wenn sie ihn allzu sehr nervt, kämpft er, zu allem entschlossen, gegen Menschen mit cerebralen Defiziten oder er stürzt sich in ein neues Projekt zum Schutz von Grottenolmen, Seefledermäusen oder Yeti-Krabben – irgendwo, jwd ...

Fische und Wassermann

Obwohl sie nominell mit demselben Element verbunden sind (astrologisch natürlich nicht), sind sie nicht aus dem gleichen Holz geschnitzt: Zwar harmonisieren Fische und Wassermänner im ersten Liebesrausch, dann jedoch geht die Lustkurve nach den ersten Kicks schnell nach unten. Hier die unendlichen Gefühlstiefen der Fische, dort die leichtlebige Flatterhaftigkeit des Wassermanns, hier der Sog des Schicksals, dort der grölende Fußballverein – wie soll das dauerhaft werden? Außerdem schafft es der verinnerlichte Fisch nicht, den finanziellen Rahmen für das aufwendige Sozialleben des Wassermannes zu garantieren. Prädikat: nicht empfehlenswert.

Promi-Paar Fische-Wassermann:
Juliette Binoche (Fische) und
Galileo Galilei (Wassermann)

Eine ungemein romantische Nacht im finstersten 16. Jahrhundert: In seiner charmanten Art zeigt Galileo seiner Juliette die Jupitermonde. Dann fackelt er ihr zu Ehren ein Feuerwerk der Meteore ab und lässt schließlich – ganz großer Gebieter der Gestirne – noch den großen Kometen aufsteigen. Doch schon kurz darauf strebt er zu anderen Welten weiter, und Juliette bleibt, gebrochenen Herzens, in ihrem Aquarium zurück. Während er sich im Astronomenzirkel mit den anderen Sternguckern die verschiedenen Versionen des Sonnensystems um die Ohren haut und auch die Inquisition mitzumischen droht, denkt Juliette zu Hause an eine Couch in New York und futtert Chocolat – ein kleiner Bissen genügt.

Soll das schon alles gewesen sein, Astronomengockel? Da war ja sogar der englische Patient attraktiver – oder Godzilla!

Fische und Fische

Von einem Schwall der Gefühle werden zwei Fische hinweggetragen wie Coladosen im Abwasserkanal, wenn sie sich liebend verbinden. Dünn gesponnene Traumgebilde schweben über den Wassern, während die Fische gemeinsam den Bach runtergehen, der, je länger die Beziehung dauert, immer hochprozentiger wird. Nie sah ein Heim chaotischer, nie gemütlicher aus als das Haus zweier Fische. Nirgendwo wird soviel gefühlt, gelitten, verziehen, geweint und bemitleidet wie in der Doppelfischeverbindung. Und keine Angst: Beide Partner sehen gelegentlich nach, ob es außerhalb ihrer Sardinendose nicht den einen oder anderen Hecht im Karpfenteich gibt. Und beide verzeihen sich solche Ausflüge in fremde Gewässer mit immer neuer Liebe ...

Promi-Paar Fische-Fische:
Chuck Norris (Fische) und
Drew Barrymore (Fische)

Nein, ihr Vorleben und ihre wechselnden Beziehungen zum Beispiel zu einem gewissen Charlie mit drei Engeln nimmt er ihr nicht übel, und sie darf auch so viele Horror-, Trash-

und B-Movies drehen, wie sie möchte. Gut, sie interessiert sich nur bedingt für seine handgreiflichen Problemlösungen, aber sie weiß: Solange es Chuck-Norris-Witze gibt, ist ihr Lebensgefährte angesagt. Am meisten Spaß (neben den für Fische üblichen Leidenschaftsorgien natürlich) macht es ihm, wenn sie ihm die besten vorliest, zum Beispiel diesen: Chuck Norris ist so gut bestückt – es reicht sogar für eine Fernbeziehung. Ein Traumpaar eben.

Berühmt-berüchtigte Fische

20.2.1909	Heinz Erhardt
20.2.1925	Robert Altman (Westernregisseur)
20.2.1927	Sidney Portier (Schauspieler)
20.2.1946	J. Geils (J. Geils Band)
20.2.1949	Stefan Waggershausen (Sänger)
20.2.1966	Cindy Crawford
20.2.1967	Kurt Cobain
20.2.1988	Rihanna
21.2.1933	Nina Simone (Sängerin)
22.2.1788	Arthur Schopenhauer (Philosoph)
22.2.1949	Joachim Witt (»Goldener Reiter«)
22.2.1975	Drew Barrymore
22.2.1980	Jeanette Biedermann (Sängerin und Schauspielerin)
23.2.1899	Erich Kästner
23.2.1956	Sabine Sauer (TV-Moderatorin)
23.2.1956	Reinhold Beckmann
23.2.1981	Jan Böhmermann
24.2.1903	Franz Burda (Verleger)
24.2.1955	Alain Prost (Rennfahrer)
24.2.1955	Steve Jobs (Apple)
25.2.1842	Karl May (Old Dichterhand)

25.2.1913	Gert Fröbe (*Goldfinger*)
25.2.1943	George Harrison (The Beatles)
25.2.1957	Stuart Wood (Ex-Bay City Rollers)
25.2.1949	Ireen Sheer (Sängerin)
26.2.1802	Victor Hugo (Dichter)
26.2.1928	Fats Domino (Musiker)
26.2.1947	Sandie Shaw (Sängerin)
26.2.1960	Hannes Jaenicke (Schauspieler)
27.2.1861	Rudolf Steiner (Anthroposoph)
27.2.1873	Enrico Caruso (Sanges-Ass)
27.2.1932	Elizabeth Taylor
27.2.1951	Steve Harley (Musiker)
27.2.1957	Cindy Wilson (The B52's)
27.2.1957	Adrian Smith (Iron Maiden)
28.2.1939	Erika Pluhar (Schauspielerin und Sängerin)
28.2.1942	Brian Jones (The Rolling Stones)
1.3.1904	Glenn Miller (Swing)
1.3.1910	David Niven (Schauspieler)
1.3.1927	Harry Belafonte (Musiker)
1.3.1963	Thomas Anders
1.3.1994	Justin Bieber (Sänger)
2.3.1876	Pius XII. (Ex-Stellvertreter Gottes auf Erden)

2.3.1931	Michail Sergejewitsch Gorbatschow (Präsident)
2.3.1942	Lou Reed (»Walk On The Wild Side«)
2.3.1944	Uschi Glas (Schauspielerin)
2.3.1948	Rory Gallagher (Rock-Musiker)
2.3.1950	Karen Carpenter (Carpenters)
2.3.1962	Jon Bon Jovi
2.3.1968	Daniel Craig (James Bond Nr. 6)
2.3.1988	James Arthur (Sänger)
3.3.1847	Alexander Graham Bell (Telefon)
3.3.1930	Heiner Geißler (CDU)
3.3.1977	Ronan Keating (Sänger)
4.3.1951	Chris Rea (»On the Beach«)
5.3.1685	Georg Friedrich Händel (Musiker)
5.3.1871	Rosa Luxemburg (Revolutionärin)
5.3.1942	Felipe González
5.3.1948	Eddy Grant (Reggae)
5.3.1974	Barbara Schöneberger
6.3.1475	Michelangelo
6.3.1898	Therese Giehse (Schauspielerin)
6.3.1927	Gabriel García Márquez (Schriftsteller)
6.3.1968	Smudo (Fanta 4)
7.3.1902	Heinz Rühmann
7.3.1960	Ivan Lendl (Tennis)

7.3.1962	Taylor Dayne (Sängerin)
8.3.1879	Otto Hahn (Chemiker)
8.3.1948	Peggy March (Sängerin)
8.3.1946	Randy Meisner (Ex-Eagles)
8.3.1960	Birgit Lechtermann (Moderatorin)
9.3.1934	Juri Gagarin (Kosmonaut)
9.3.1945	Katja Ebstein (Gesang)
9.3.1964	Juliette Binoche (Schauspielerin)
10.3.1788	Joseph von Eichendorff (Dichter)
10.3.1940	Chuck Norris
10.3.1955	Marianne Rosenberg (Sängerin)
10.3.1958	Sharon Stone
11.3.1927	Joachim Fuchsberger (Entertainer)
10.3.1973	Eva Herzigová(Model)
11.3.1948	George Kooymans (Golden Earring)
11.3.1955	Nina Hagen (Ausnahmerscheinung)
11.3.1981	Matthias Schweighöfer (Schauspieler)
12.3.1946	Liza Minelli (Sängerin und Schauspielerin)
12.3.1944	Peter Orloff (Schlager)
13.3.1939	Neil Sedaka (Musiker)
15.3.1950	Stevie Wonder
14.3.1879	Albert Einstein
14.3.1945	Herman van Veen (Sänger)
15.3.1907	Zarah Leander (Gesang)

15.3.1962	Terence Trent D'Arby (Musiker)
16.3.1926	Jerry Lewis (genialer Schwachsinn)
16.3.1928	Karlheinz Böhm (Schauspieler)
16.3.1929	Nadja Tiller (Schauspielerin)
16.3.1936	Elisabeth Volkmann (Schauspielerin)
16.3.1953	Isabelle Huppert (Schauspielerin)
16.3.1969	Markus Lanz
17.3.1834	Gottlieb Daimler (Automobile)
17.3.1919	Nat King Cole (Musiker)
17.3.1949	Patrick Duffy (Schauspieler)
18.3.1939	Peter Kraus (die urdeutsche Antwort auf Elvis)
18.3.1941	Wilson Pickett (Musiker)
18.3.1966	Anne Will
18.3.1979	Adam Levine (Maroon 5)
19.3.1952	Wolfgang Ambros (Sänger)
19.3.1971	Nadja Auermann (Model)
20.3.1828	Henrik Ibsen (Dichter)
20.3.1961	Maja Maranow (Schauspielerin)